Armin und Julia Täubner

Aus dem Ei gepellt

Kinderleichte Küken-Fensterbilder aus Tonkarton

Frech-Verlag Stuttgart

Zum Thema „Basteln für Ostern“ sind im Frech-Verlag viele weitere Titel erschienen. Hier eine Auswahl:

A. u. J. Täubner
Osterzeit – Bastelzeit
Kinderarbeiten aus Tonkarton
Aus dem Osternest lugt ein weißer Hase aus Tonkarton. Selbstgebastelt! Da freut sich Mami. TOPPi zeigt Kindern, wie man Briefpapier österlich gestaltet, Eierhalter, Stiftbecher und Osterkörbchen herstellt.
32 S., Farbf., Vorlagenbg.
TOPP 1493 ISBN 3-7724-1493-1

Armin Täubner
Osterkarten für Kinder
Mit Vorschlägen für Tischkarten.
Hier sind die Kinder direkt angesprochen. Sicher finden sie z. B. den Hasen auf der selbstgebastelten Karte viel lustiger und frecher als auf den Karten, die man einfach kauft. Erwachsene dürfen mitbasteln.
48 S., Farbfotos, Vorlagen
TOPP 1401 ISBN 3-7724-1401-X

Armin Täubner/Inge Walz
Das große Osterbuch
Ostern ist die Zeit farbenfroher österlicher Symbole. Das Oster-Ideenbuch für die ganze Familie zeigt viele Ideen und Vorlagen zu Tonkarton, Floristik, Handarbeiten und Ostereiern.
96 S., DIN A4, geb., Farbf.u. Zeichng.
TOPP 1494 ISBN 3-7724-1494-X

Fotos: Frech-Verlag Stuttgart · Birgitt Gutermuth

Auflage: 5. 4. 3. 2.
Jahr: 1997 96 95 94 93
Letzte Zahlen maßgebend

frech-verlag

ISBN 3-7724-1656-X · Best.-Nr. 1656 GmbH+Co. Druck KG Stuttgart · Druck: Frech, Stuttgart 31

Das Federvieh, allem voran die Hühner, begleitet den Menschen schon seit mehr als 4000 Jahren. Es gibt viele Geschichten, in denen ein Huhn eine Rolle spielt. Auch in der griechischen äsopischen Fabel:

Die Witwe und das Huhn

Eine Witwe hatte ein Huhn, das jeden Tag ein Ei legte. Sie nahm an, wenn sie ihm mehr Futter gäbe, werde es auch täglich zweimal legen. So gab sie ihm also mehr, aber sieh da! Das Huhn wurde fetter und legte überhaupt nicht mehr.

Die Fabel lehrt, daß viele Menschen aus Habgier allzuviel verlangen und darüber verlieren, was sie besitzen.

Die Küken dieses Buches legen zwar keine Eier, aber sie machen viel Spaß beim Basteln, und am Fenster sehen sie toll aus. Das Plustern der Fensterbilder ist immer nur als Vorschlag gedacht. Jedes Teil kann geplustert werden – wie es Euch am besten gefällt. Wenn Ihr keine Plusterstifte zur Hand habt, lassen sich die Fensterbilder auch mit Filzstiften schön verzieren.

So entsteht ein Pluster-Fensterbild

Zum Basteln benötigst Du:
- Butterbrotpapier
- Tonkarton
- Bleistift
- Schere
- Klebstoff (z.B. Uhu-Stic)
- Vorstechnadel
- Faden

1. Fertige eine Schablone (siehe S. 32).

2. Lege die Schablonen auf Tonkarton der gewünschten Farbe und zeichne die Umrißlinien mit Bleistift nach.

3. Schneide die Kartonteile zusammen aus.

4. Lege die Teile auf die Schnittvorlage und klebe sie zum abgebildeten Fensterbild zusammen.

5. Steche noch ein Aufhängeloch ein und ziehe einen Faden durch. Die Fadenenden werden miteinander verknotet, und fertig ist das Fensterbild.

Mit Pluster-Pen auf Tonkarton malen

1. Probiere die Farbe zuerst auf einem Kartonstück aus. Ziehe einige Linien, male Punkte, Kringel und eine kleine Farbfläche auf den Karton und lasse die Farbe mehrere Stunden auftrocknen.

2. Nun nimmst Du den Fön und schaltest ihn auf die höchste Stufe. Geföhnt wird die Plusterfarbe schräg von der Seite. Damit Du Dir die Finger nicht an der heißen Luft verbrennst, drückst Du das Kartonstück mit einem Bleistift auf den Tisch. Durch das Fönen wird die Farbe etwas heller und quillt leicht auf.

3. Als nächstes malst Du weitere Linien, Punkte und Flächen auf den Karton. Diesmal läßt Du die Farbe jedoch nicht trocknen, sondern Du fönst sie sofort. Dadurch quillt die Farbe viel stärker auf. Bei größeren Flächen ist es jedoch viel einfacher, wenn Du die Farbe vor dem Fönen trocknen läßt.

Die Eierpost kommt

1. Zuerst klebst Du dem Entchen Schnabel und Füße an. Das Auge kannst Du entweder aufmalen oder aufkleben.

2. Am Wagen wird von vorne das zweiteilige Rad angebracht. Von hinten befestigst Du die bunten Eier.

3. Nun klebst Du das Zuggeschirr des Wagens am Entchen fest. Anschließend wird der Flügel angebracht.

4. Zum Schluß Entchen und Wagen auf dem Grünstreifen befestigen.

5. Auf der Variante, die Du auf dem Titelbild siehst, habe ich Entchen und Wiese sofort geplustert. Du brauchst dazu sehr viel Plusterfarbe. Es genügt jedoch auch eine sparsamere Verzierung, z.B. wenn Du nur den Wiesenrand und die Umrisse des Entchens nachziehst und dann fönst.

Zeichnungen auf dem Vorlagenbogen

Neuigkeiten

1. Klebe auf die weißen Blüten jeweils einen gelben Punkt. Die Blüten verteilst Du auf der dunkelgrünen Baumkrone. Der Stamm wird von hinten an der Baumkrone befestigt.

2. Als nächstes klebst Du den Baum auf das hellgrüne Wiesenstück.

3. Male mit einem roten Filzstift Füße und Schnäbel der beiden Küken an. Die Augen werden mit einem schwarzen Filzstift aufgemalt. Nun die Flügel ankleben. Beim schlafenden Küken zeigt die Flügelspitze nach hinten. Das sitzende Küken hält eine Zeitung. Deshalb zeigt diese Flügelspitze nach vorne.

4. Klebe die beide Küken wie auf dem Foto am Fensterbild fest.

5. Die weißen Tulpenblüten bestehen jeweils aus zwei gleichen Teilen. Ein Teil faltest Du der Länge nach in der Mitte und klebst es dann auf das andere Teil.

6. Es bleibt Dir überlassen, welche Teile des Fensterbildes geplustert werden.

Ergänzende Zeichnungen auf dem Vorlagenbogen

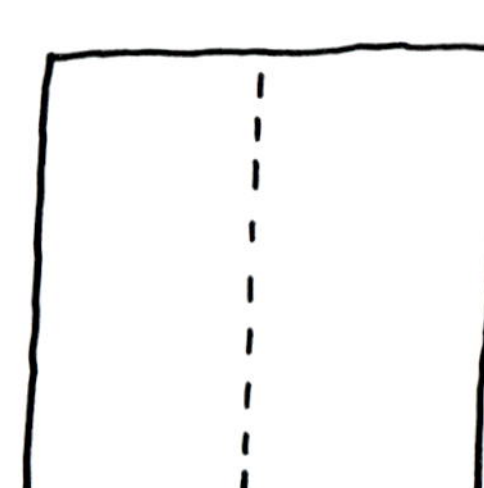

Ergänzende Zeichnungen
auf dem Vorlagenbogen

Ist das kalt!

1. Am Kükenkopf klebst Du die Mütze und den Schnabel an. Die Augen werden mit Filzstift aufgemalt. Als nächstes werden die Flügel und die Hose angebracht. Die Hosenträger verdecken teilweise die Flügel. Anschließend den Schal, die Hosentasche und die Füße aufkleben.

2. Setze das Küken mitten auf die Schneefläche.

3. Zum Schluß kannst Du noch Mütze und Schal mit Pluster-Pen verzieren. Die Farbe plustert sich auf, wenn sie sehr heiß von der Seite gefönt wird.

Was ist das?

1. Male mit einem Filzstift Schnabel und Füße des Kükens rot an. Bevor Du das Auge aufmalst, wird der Hut auf den Kopf geklebt. Vergiß den Flügel nicht!

2. Den hellblauen Bogen kannst Du für die Schablone entweder von Hand abpausen, oder Du nimmst einen Zirkel und zeichnest zwei Kreise mit dem Radius 5,8 cm und 7,3 cm direkt auf Tonkarton (die Einstichstelle ist mit einem Kreuz markiert). Von dem Ring schneidest Du dann das untere Drittel ab.

Ergänzende Zeichnungen auf dem Vorlagenbogen

3. Der hellblaue Bogen wird nun auf der Grünfläche befestigt. Die Klebestellen werden von zwei dunkelgrünen Grasbüscheln verdeckt. Am Himmelsbogen klebst Du jetzt die Sonne und die beiden Wolken an.

4. Stelle das Küken zwischen die Grasbüschel und klebe die Würmer fest.

5. Zeichne die Umrisse der Wolken und der Grasbüschel mit Pluster-Pen nach und föne sie sofort.
Bei den Würmern und dem Küken kanns Du Dir überlegen, ob Du sie so stark geplustert haben möchtest wie auf dem Foto. Du mußt dann sofort fönen. Sonst läßt Du die Farbe einfach auftrocknen und fönst sie nach mehreren Stunden.

Gute Aussicht

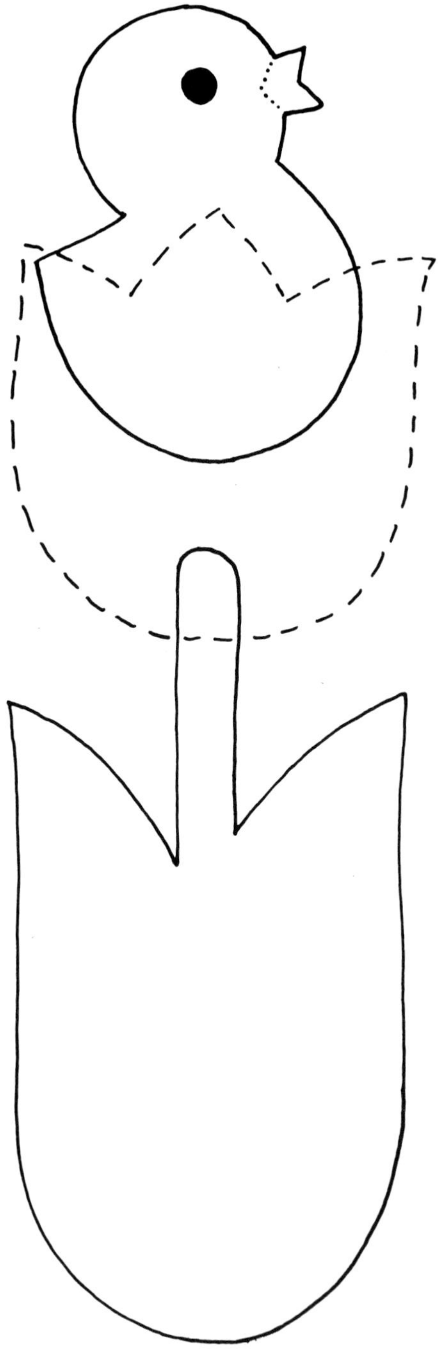

1. Die Tulpenblüten bestehen jeweils aus zwei gleichen Teilen. Ein Teil wird der Länge nach in der Mitte leicht angeritzt und gefaltet. Klebe das gefaltete Teil auf das ungefaltete Teil. Die Blüten auf den Stengeln befestigen.

2. Male die Kükenschnäbel rot an. Die Augen ebenfalls aufmalen. Zwei der Küken klebst Du von hinten an die geöffneten Tulpenblüten.

3. Nun die drei Tulpen auf dem braunen Bodenteil befestigen. Damit das ganze Fensterbild stabiler wird, verbindest Du die Tulpen untereinander mit etwas Klebstoff.

4. Das dritte Küken zusammen mit den Eierschalen auf dem Bodenteil anordnen.

5. Zeichne die Umrisse der Tulpenblätter und Küken mit Pluster-Pen nach und föne sofort.

Ergänzende Zeichnungen auf dem Vorlagenbogen

Ergänzende Zeichnungen auf dem Vorlagenbogen

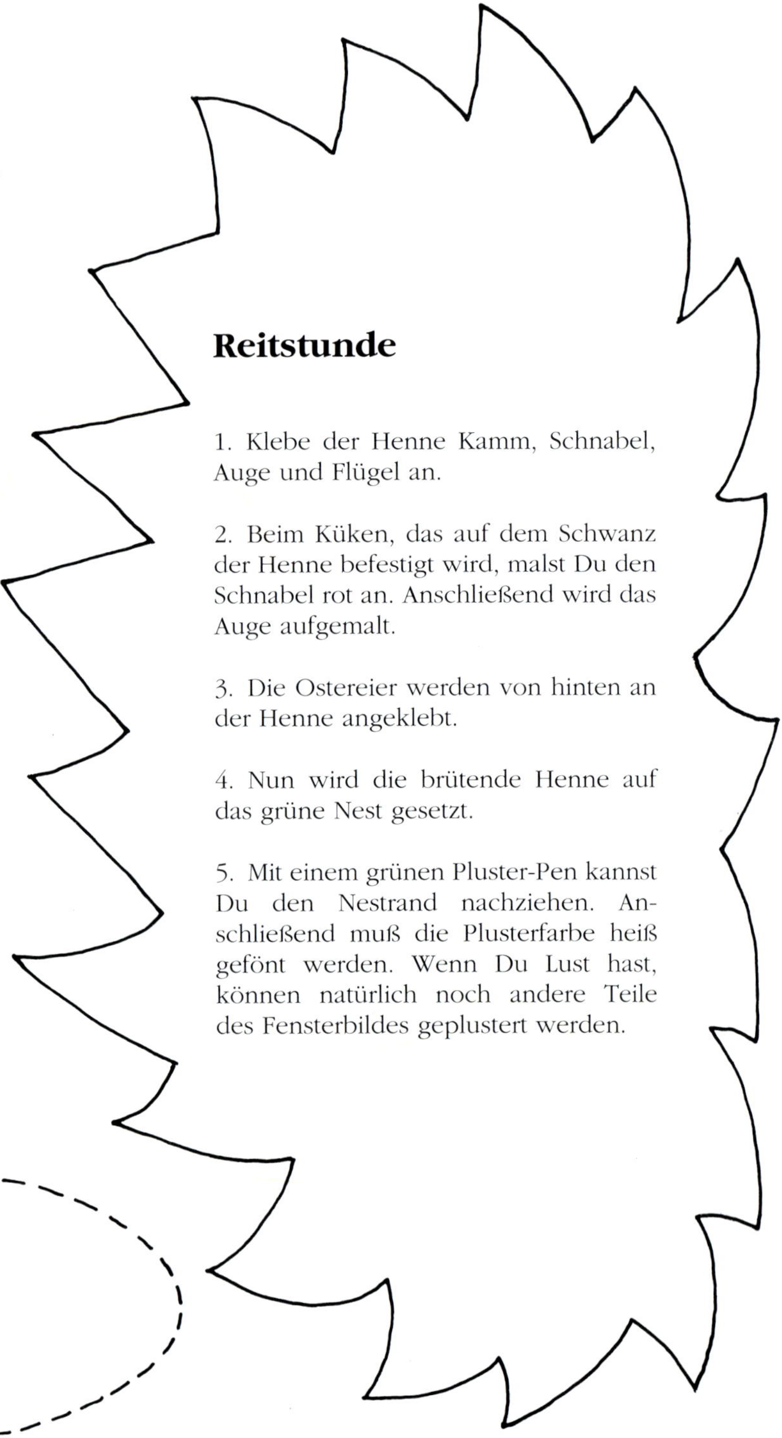

Reitstunde

1. Klebe der Henne Kamm, Schnabel, Auge und Flügel an.

2. Beim Küken, das auf dem Schwanz der Henne befestigt wird, malst Du den Schnabel rot an. Anschließend wird das Auge aufgemalt.

3. Die Ostereier werden von hinten an der Henne angeklebt.

4. Nun wird die brütende Henne auf das grüne Nest gesetzt.

5. Mit einem grünen Pluster-Pen kannst Du den Nestrand nachziehen. Anschließend muß die Plusterfarbe heiß gefönt werden. Wenn Du Lust hast, können natürlich noch andere Teile des Fensterbildes geplustert werden.

Osternest

1. Der Henne werden Kamm, Schnabel, Kehlsack und Flügel angeklebt. Das Auge malst Du mit Filzstift auf.

2. Klebe die Henne auf die Grünfläche und ordne davor die Ostereier an.

My egg is my castle

1. Klebe den Schornstein (gestrichelte Linie) auf den Vorsprung am Ei. Als nächstes wird das weiße Fenster (gestrichelte Linie) samt dem Vorhängen (punktierte Linien) angebracht.

2. Der Kükenkopf besteht aus einem gelben Kartonpunkt, auf den Du zuerst den Schnabel klebst oder malst. Anschließend werden die Augen aufgemalt. Das Kükenmädchen erhält eine Schleife, der Kükenjunge einen Hut.

3. Klebe den Kükenkopf auf das Fenster zwischen die Vorhänge.

4. Zum Schluß wird das Ei auf dem Grasbüschel befestigt.

5. Zeichne zuerst den Umriß des Grasbüschels mit Pluster-Pen nach und föne sofort. Wenn Du das Küken und den Vorhang bemalt hast, kannst Du entweder sofort fönen, oder damit warten, bis die Farbe aufgetrocknet ist.

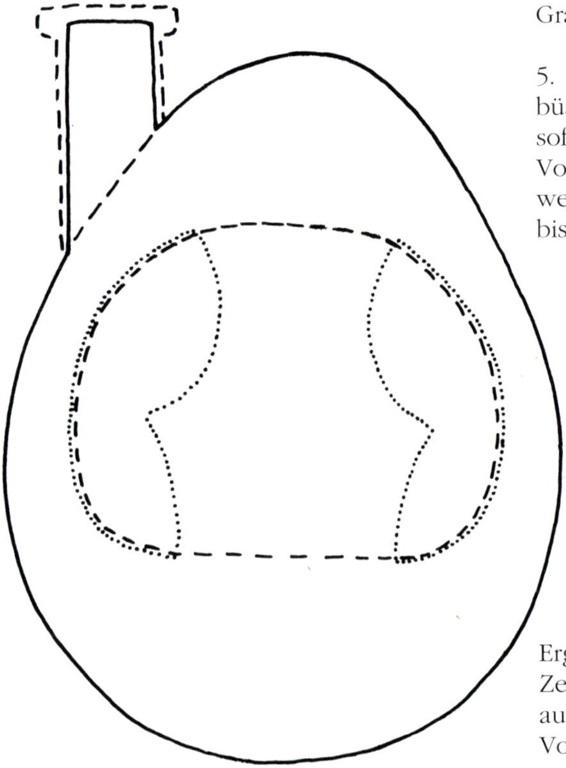

Ergänzende Zeichnungen auf dem Vorlagenbogen

Hier wohnen wir

1. Den beiden unteren Küken klebst Du zuerst die Schnäbel auf. Anschließend werden die Augen aufgemalt. Beim dritten Küken malst Du Schnabel und Füße mit Filzstift rot an.

2. Die blaue Tür schneidest Du doppelt aus. Ein Türteil wird direkt auf das Ei geklebt. Am zweiten Türteil wird eine Seite angeritzt (gestrichelte Linie), damit die Tür später auf- und zugeklappt werden kann.

Ergänzende Zeichnungen auf dem Vorlagenbogen

3. Nun kannst Du die zweiteiligen Tulpenblüten zusammenkleben. Das kleinere Blütenteil faltest Du in der Mitte (gestrichelte Linie) und klebst es dann auf das größere Teil.

4. Auf dem hellgrünen Bodenstück werden zuerst die beiden großen Tulpenbüschel angeordnet. Dazwischen klebst Du das Ei. Als nächstes werden die Küken und schließlich das Grasbüschel befestigt.

5. Zeichne mit Pluster-Pen die Umrisse der Tulpenblätter nach und föne sofort. Nach dem Anmalen der Küken fönst Du entweder sofort, oder Du wartest, bis die Farbe aufgetrocknet ist.

Skateboardfahren ist toll!

1. Klebe auf den Kükenrumpf die weiße Trägerhose, die Du mit einem blauen Filzstift verzieren kannst. Ebenfalls mit Filzstift werden Schnabel, Kamm und Auge angemalt.

2. Am roten Brett werden von hinten die Rollen befestigt.

3. Nun klebst Du das Küken auf das Skateboard.

4. Als nächstes werden die Hosenträger und die Hosensäume mit Pluster-Pen bemalt. Laß die Farbe vor dem Fönen auftrocknen.

Ergänzende Zeichnungen auf dem Vorlagenbogen

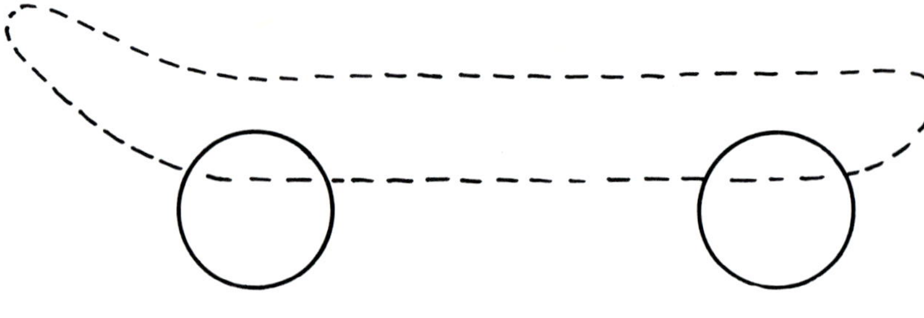

Ein kleines Geschenk

1. Male mit einem Filzstift Schnäbel und Füße der Küken rot an. Anschließend werden die schwarzen Augen aufgemalt. Bei dem Küken mit dem geöffneten Schnabel klebst Du den Flügel so an, daß er nach vorne zeigt, denn an ihm wird später die Tulpe befestigt.

2. Den hellblauen Bogen kannst Du mit einem Zirkel direkt auf Karton zeichnen (Radius 9,5 cm und 11 cm). Auf dem Vorlagenbogen ist die Einstichstelle des Zirkels mit einem kleinen Kreuz markiert.

3. Bei der Schleife werden die Innenflächen am besten mit einem Cutter oder einer Nagelschere herausgeschnitten.

4. Klebe den Bogen am Grasbüschel fest. Oben in der Bogenmitte wird die Schleife befestigt. Darunter werden die beiden Küken angeordnet.

5. Male die Schleifen und die Umrisse der Küken mit Pluster-Pen an, und lasse die Farbe vor dem Fönen mehrere Stunden auftrocknen.

Ergänzende Zeichnungen auf dem Vorlagenbogen

Guten Tag

1. Klebe zuerst den Gänseschnabel auf. Anschließend werden die Augen und die Nasenlöcher mit einem schwarzen Filzstift aufgemalt. Ein leicht nach unten gewölbter Bleistiftstrich teilt den Schnabel in zwei Hälften.

2. Die Füße werden von hinten am Gänserumpf befestigt.

3. Klebe das Gänschen auf den eiförmigen Rahmen.

4. Zum Schluß wird das Ganze auf eine hellgrüne Bodenfläche geklebt.

5. Verziere das Küken mit Pluster-Pen, so wie es Dir am besten gefällt.

Zeichnungen auf dem Vorlagenbogen

Frisch geschlüpft

1. Bei drei Küken werden die Schnäbel und die Füße mit Filzstift rot angemalt. Das vierte Küken, das Dich ansieht, erhält einen aufgeklebten Schnabel. Nun malst Du die Augen mit einem schwarzen Filzstift auf.

2. Bei der Henne klebst Du Kamm, Schnabel und Kehlsack an. Der Flügel wird so angebracht, daß noch ein Küken dahinter paßt.

3. Anschließend setzt Du die Henne in den Korb und bringst dann den Korbgriff an.

4. Auf der Grünfläche wird zuerst der Korb befestigt. Davor ordnest Du die drei Küken an.

5. Fahre die Umrißlinien von Huhn und Korb mit Pluster-Pen nach und föne sofort. Die Küken werden angemalt und am besten erst dann gefönt, wenn die Farbe nach mehreren Stunden aufgetrocknet ist.

Ergänzende Zeichnungen auf dem Vorlagenbogen

Ergänzende Zeichnungen
auf dem Vorlagenbogen

Essenszeit

1. Am hellgrünen Bogenteil (durchgezogene Linie), zu dem auch der Ast gehört, auf dem der Vogel sitzt, klebst Du zuerst die Blätter an. Die oberen Blätter werden als erstes angebracht. Achte beim Aufkleben darauf, daß die Blattspitzen im Wechsel einmal nach rechts und einmal nach links zeigen. Die unteren Blätter werden zuletzt befestigt.

2. Bei den Vogeljungen werden die Schnäbel entweder aufgeklebt oder einfach angemalt. Anschließend malst Du die Augen auf.

3. Die Vogeljungen werden von hinten am Nestrand (gestrichelte Linie) befestigt.

4. Nun klebst Du das Nest auf das hellgrüne Bogenteil.

5. Beim blauen Vogel werden Schnabel und Flügel angeklebt und das Auge aufgemalt. Setze den Vogel auf den Zweig.

6. Male zuerst die jungen Vögel und den Wurm mit Plusterfarbe an und lasse die Farbe trocknen. Anschließend zeichnest Du den Umriß des Flügels nach und malst waagerechte Linien auf das Nest. Nun wird alles zusammen geföntt.

So entsteht eine Schablone

1. Du nimmst Butterbrotpapier oder weißes Transparentpapier und legst es auf die Vorlage.

2. Mit einem Bleistift paust Du die Figur ab.

3. Klebe nun das Butterbrotpapier auf einen dünnen Karton.

4. Wenn Du jetzt die Figur ausschneidest, hast Du eine Schablone.

Für fast alle Tonkartonarbeiten benötigst Du Schablonen. Sie haben den Vorteil, daß Du den Vorlagenbogen nicht zerschneiden mußt, und daß mit Hilfe der Schablone dasselbe Motiv so oft ausgeschnitten werden kann, wie man möchte.